AF232405

LE COMMISSAIRE CENTRAL

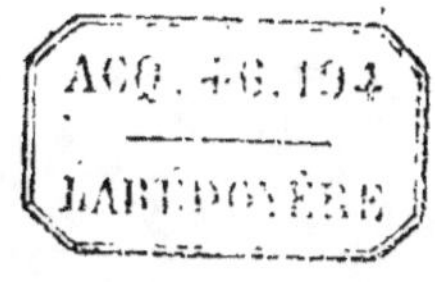

DU DÉPARTEMENT

DES BOUCHES DU RHÔNE,

A U

CITOYEN ANTONELLE.

Paris, le 24 prairial, an VII de la
république françoise.

Le COMMISSAIRE CENTRAL
du département des Bouches-du-Rhône,
au citoyen ANTONELLE.

Je réponds, Citoyen, au pamphlet intitulé : *Quelques observations en réponse au message du directoire exécutif, sur l'assemblée électorale du Rhône.* Le tendre intérêt que son auteur témoigne prendre au succès des élections de l'assemblée qu'on nomme mère, et les calomnies qu'il déverse sans ménagement sur les agens du gouvernement, ne m'ont pas permis de révoquer en doute, que cette espèce de diatribe ne sortît de la plume de *l'incorrigible apôtre du bonheur commun.* Confiant en la justice du corps législatif, je n'aurois jamais rompu le silence, si vous ne m'aviez personnellement attaqué. Je dois au gouvernement, dont je suis l'agent, aux électeurs qui m'ont honoré de leurs suffrages, en m'appelant aux premières fonctions de l'état, de relever les erreurs grossières, qu'avec beaucoup d'art vous avez voulu couvrir du gaze de la vérité.

La constitution a-t-elle été violée dans l'assemblée électorale du département des Bouches-du-Rhône, séante aux ci-devant Prêcheurs ?

Voilà, je pense, le seul point de fait qu'il s'agit d'éclaircir, et quand bien même vous parviendriez à prouver que, dans aucun cas, la minorité d'une assemblée n'a le droit d'élire, vous ne lui contesterez pas certainement celui de protester contre l'illégalité des opérations de l'assemblée, dont elle s'est séparée; et cette protestation légitimée, ce sera bien gratuitement que vous nous aurez fatigués des grands et magiques mots *de meneurs et de menées, de transfuges et d'embaucheurs, d'infidèles, et de rivaux des principes et des scissions.*

Vous avancez hardiment, que les doubles élections des cantons d'Istres, Marignane et Graveson ont été reçues dans le sein de l'assemblée scissionnaire ! Vous mettez la vérité en retard; les électeurs scissionnaires et scissionnés ont été admis à voter dans l'assemblée-mère ; en effet, la séparation des électeurs n'a eu lieu qu'après l'organisation du bureau définitif, première opération du corps électoral constitué. La remission des procès-verbaux des assemblées primaires a précédé cette opération, puisque ce n'est que d'après les procès-verbaux qu'on a pu procéder aux appels nominaux. Le secrétaire en procédant à ces appels, n'ayant point relevé ces doubles nominations, et l'assemblée n'ayant point réclamé, il est démontré que les électeurs scissionnaires et scissionnés ont reçu la qualité d'électeurs propres à voter dans le sein de l'assemblée-mère qui a usurpé le pouvoir législatif, ou, disons mieux, a commis une illégalité monstrueuse, en admettant dans son sein un nombre d'électeurs supérieur à celui que l'administration centrale avoit fixé, d'après l'acte constitutionnel, à raison du nombre des citoyens ayant droit de voter dans les assemblées primaires.

Si j'avois pris autant d'intérêt que vous paroissez le croire, aux nominations faites par l'assemblée scissionnaire, je serois à même de décider si des électeurs des assemblées primaires scissionnaires ont signé l'acte protestatif ; si effectivement ces électeurs ont fait partie de la scission. Vous devez convenir qu'il étoit assez difficile de les connoître, puisque le bureau de l'assemblée mère avoit en son pouvoir les procès-verbaux des assemblées primaires, et que ces électeurs, sortis du sein de cette assemblée, après avoir été admis à voter sans réclamation, ne pouvoient être désignés que par les officiers du bureau définitif, vrais meneurs de l'assemblée-mère. Vous avez passé sous silence un fait bien important ; on doit vous excuser, il ne pouvoit être utile à votre cause ; permettez-moi de le relever. Après la nomination du premier député au conseil des cinq cents, *si bien connu de vous*, la saine partie de cette assemblée se retira et cessa de prendre part aux opérations subséquentes. Croyez-vous, Citoyen, que les opérations de cette assemblée aient paru aux yeux des électeurs, amis sincères de la constitution de l'an III, légales et constitutionnelles ; s'ils n'ont point adhéré à l'acte protestatif, il n'est aucun fonctionnaire dans le département des Bouches-du-Rhône, qui ne sache qu'on ne doit l'attribuer qu'à des démêlés affligeans, qui ont divisé

le premier corps constitué de Marseille.
L'intérêt de quelques individus doit-il ba-
lancer un instant l'intérêt public ? Vous n'a-
vez pas certainement ignoré cette division,
inquiétante pour les amis de la république,
lors de votre séjour à Marseille, avant les
élections, au retour de votre promenade ci-
vique à Toulon. Vous attribuez, à la con-
fusion des électeurs scissionnaires, le défaut
de notification de l'acte protestatif à l'assemblée-mère. Cette notification étoit au
moins inutile ; l'assemblée-mère pou-
voit-elle ignorer qu'elle venoit de passer à
l'ordre du jour sur la demande de l'exécution
des lois constitutionnelles ? Vous excipez,
des contradictions entre les tableaux des électeurs du canton de Marseille dressés par
le commissaire central, et ceux de son collègue près le bureau central, pour qu'on
mette à l'écart ces pièces que vous appelez
mendiées...., *puisque*, dites-vous, *les ju-
ges ni les parties n'ont ni le tems, ni les
moyens de les débattre....*, et qui d'ailleurs
sont offertes par des mains suspectes. Il vous
est permis, Citoyen, de défendre votre cause
par tous les moyens, pourvu qu'ils ne s'é-
cartent pas des règles de la décence et de

l'honnêteté, sur-tout à l'égard d'un fonctionnaire public ; mais lorsque vous osez
me suspecter d'un faux, dans l'exercice de
mes fonctions, vous m'autorisez à me ser-
vir des mêmes armes, en vous donnant le
démenti le plus formel. Les opérations de
mon collègue, près le bureau central de
Marseille, ne sont point mon fait ; il auroit
dû se dispenser de se mêler d'élection, en
se rappelant que c'est au commissaire central, que la constitution à exclusivement
confié le droit de relever les vices et les
défauts, qui peuvent entacher les opérations
des assemblées du peuple ; mais on ne sau-
roit lui en faire un crime, puisque par cette
démarche, peut-être inconsidérée, il a
donné des preuves de son attachement à
cette constitution.

Revenons à mon fait propre, et à vos assertions calomnieuses et méchantes, et que
vous n'auriez jamais hasardées, si vous ne
les aviez crues propres à irriter les passions
de quelques hommes qui, certainement,
ne peuvent vouloir que nos malheureuses
contrées, trop cruellement déchirées par
des brigands féroces, ne le soient encore
par les funestes effets de l'ambition déli-

rante de quelques individus , ennemis nés
de tout ordre social. Ces tableaux ne peuvent être mendiés , puisqu'un mois avant
l'ouverture du corps électoral, je les avois
demandés aux commissaires particuliers des
cantons ; que ces tableaux , par eux certi-
fiés , ont été vérifiés et trouvés exacts, sur
les matrices des rôles des contributions de
toute nature, déposées au bureau de l'agence
générale , et que je garantis tels sous ma
responsabilité. Je pourrois , avec plus de
raison , vous présenter les meneurs de l'assemblée-mère du département des Bouches-
du-Rhône , instruits de l'existence de ces
tableaux , mendiant des polices ou quittan-
ces privées de loyer, des propriétaires des
maisons servant de domicile à la majorité
des électeurs de Marseille , et ayant l'hon-
nête attention de faire antidater ces pièces
mensongères. Est-ce de bonne foi, Citoyen,
vous qui avez connu , si bien connu la com-
position de l'assemblée-mère du département des Bouches-du-Rhône , que vous
osez avancer que ces électeurs , manquant
aux qualités d'éligibilité par le défaut de
cotisation aux rôles des contributions , peu-

vent être imposés dans un autre canton ,
ou dans un autre département ? Cette asser-
tion a besoin d'être légitimée. Et comment
se fait-il que , depuis deux mois que cette
question est pendante , ces électeurs n'aient
point justifié de leur cotisation dans des cantons , ou des départemens , autres que ceux
de leur domicile. Peut-être moins instruit
que vous des facultés de ces électeurs , je
serai plus sincère en avançant *que si à l'œu-
vre..... on connoît l'artisan* , on peut être
convaincu que ces électeurs ne portent aucun
gage dans la société , puisqu'ils ont paru prendre bien peu d'intérêt au maintien de l'ordre
social , en foulant aux pieds le pacte qui lie
tous les François.

J'ai voulu , dites-vous , (toujours , sans
doute , en supposant que j'ai dicté les choix
de l'assemblée scissionnaire) me donner un
collègue de députation dans le directoire
exécutif même. Les sincères amis de la république et de son gouvernement , dans le
département des Bouches-du-Rhône , ont
toujours mis au rang du premier de leurs
devoirs , d'appeler dans le sénat françois
l'homme qui contribua si puissamment , par

son courage et son dévouement à la liberté
de sa patrie, à la sauver dans des momens
non moins dangereux que difficiles ; et je
m'applaudirois d'un pareil choix, si, membre électoral, j'y avois contribué. « Vous
» me gratifiez de l'honorable mission de
» scissionner l'assemblée électorale du dé-
» partement des Bouches-du-Rhône , et
» vous prétendez qu'en m'en acquittant ,
» je me suis moins proposé d'opposer élec-
» tion à élection, que de mettre le corps
» législatif à même de casser toutes ces élec-
» tions. » Je ne connois, dans l'exercice de
mes fonctions, d'autre autorité que celle de
mon gouvernement et de son ministre ; je
n'ai donc pu recevoir que de ces deux au-
torités, la mission que vous assurez m'avoir
été confiée ; je déclare formellement que
jamais le directoire exécutif, ni son ministre, ne m'ont, je ne dis point prescrit, mais
même insinué qu'il fallut scissionner l'assemblée électorale du département des Bouches-du-Rhône ; que les principes du gouvernement , clairement exprimés dans sa
proclamation aux François sur les élections
de l'an VII, donnent la juste mesure de ses

sentimens conciliateurs , bien éloignés de tout déchirement politique.

J'écrivois au ministre de l'intérieur, le 5 floréal, que je pensois que ces doubles élections ne pouvoient recevoir la sanction du corps législatif. Ce que vous appelez naïveté , étoit plutôt la persuasion intime dans laquelle j'étois, et suis encore, que si la constitution, violée et méconnue, repousse les élections de l'assemblée-mère, le principe éternel qu'aucune minorité ne peut élire au préjudice de la majorité, mais protester seulement, ne permet point d'admettre les élections de l'assemblée scissionnaire. Si les électeurs, ayant qualité de voter, restés à l'assemblée-mère , ne formoient point la majorité; si des voies de fait et des menaces non réprimées avoient nécessité la scission, je n'aurois point la même opinion. Voilà, Citoyen , ce que *naïvement* j'ai dit au ministre de l'intérieur; voilà les motifs qui ont dicté le sage et lumineux rapport du citoyen Pollart, ex-représentant du peuple, contre lequel viendront se briser vos sophismes et vos assertions dénués de fondement. L'assemblée-mère des Bouches-du-Rhône, qui vous a appelé à la législature, est inconstitutionnelle et illégale.

1°. Parce qu'elle a admis à voter dans son sein, les doubles élections des cantons d'Istres, Marignane et Graveson.

2°. Parce que cent trente électeurs n'avoient point la qualité d'éligibilité, soit par le non-paiement des impositions, soit par leur état de faillite.

3°. Parce que le citoyen Sagnier, membre d'une des commissions nommées pour vérifier les pouvoirs des électeurs, est atteint par la loi du 3 brumaire, comme fils d'émigré.

Je ne m'arrêterai point à vous instruire de l'état d'abandon des assemblées primaires pour l'élection de l'an VII ; vous savez très-bien quels hommes les ont dirigées, les troubles, les menaces, les voies de fait qui les ont troublées dans divers cantons. Etoit-ce dans l'assemblée scissionnaire que les moteurs de ces troubles ont voté ?

Voilà, Citoyen, les vices qui me paroissent entacher les opérations de cette assemblée, dont les élémens vous sont tellement dévoués, que vous devez défendre leurs opérations, moins sans doute pour eux que pour vous.

Je ne prétends point que les élections scissionnaires soient exemptes de reproches. J'étois électeur en l'an VI, et je crus que mon devoir devoit m'attacher à l'assemblée-mère, dont les choix furent annullés, parce que je ne trouvois point de motifs suffisans pour autoriser une scission. Je pense que celle de l'an VII étoit légitime ; mais les principes (et vous voyez, Citoyen, que nous sommes d'accord sur un point important) s'opposent à l'approbation de ses choix.

Je ne saurois finir cette lettre, Citoyen, sans vous témoigner combien j'ai dû être affecté, de me voir personnellement attaqué dans votre pamphlet. Vous savez que, fidèle aux principes de tolérance politique, qui dirigent mon gouvernement, je ne m'en suis jamais écarté, et sur-tout à votre égard ; vous étiez avant et après les élections dans le département des Bouches-du-Rhône ; vous m'y avez vu ; vous deviez me rendre plus de justice, et ma conduite à votre égard auroit dû vous convaincre que je suis aussi incapable de manquer à mes devoirs envers

(15)

le gouvernement , que de l'engager à des
mesures , que l'extrême danger de la chose
publique n'exige pas impérieusement. Vou-
driez - vous me convaincre que je me suis
trompé sur ces dangers , qui ne me paroissent plus illusoires !

Signé MAUCHE.

De l'Imprimerie D'ALEXANDRE DEFERRIERE , place
du Carrousel, n°. 527.